Poemas de navidad

Reina María Rodríguez
Poemas de navidad

bokeh ✳

© Reina María Rodríguez, 2018

© Fotografía de cubierta: W Pérez Cino, 2018

© Bokeh, 2018

  Leiden, NEDERLAND
  www.bokehpress.com

ISBN 978-94-91515-97-2

Manzana de California 11

Bolas de cristal 13

Árbol ruso 14

Pino sin nieve 16

Dorados 18

Reyes magos 19

Ya es Navidad ya es Navidad... 21

Yagendralila 23

Arbolitos en el Info 24

Mi aventura de soledad durante un invierno en Stromboli... 25

Después de Pascuas 28

Libro del sur 31

Vivo en la escena 33

Les Halles 35

Desprendimientos 37

Flechazos 38

Lejano humo 39

Variopintos 41

Arcimboldo me ve 43

Embarradas 45

Estampa 47

Graznidos 48

La Torre 49

Calle de las telas 52

Hachazos 61

Verde y azul 63

A una paloma parisina 66

Amargos 67

Frente al Molino Rojo 69

Rebajas 71

Los pasos de un hombre solo 72

Quejas 73

Así 74

Angélica 75

Sueño 77

Tickets de metro 78

Es pus 79

«Córtenle la cabeza y devuelvan el hacha» 80

Cosas que se pegan 82

El Mediterráneo y ella 83

«Éramos Giza, Mitzi, Kacolia y yo» –un texto 86

Zona espacial 88

Blizzard 90

Sierra nevada 92

Hormigón. 94

Bocarriba 95

Tejido muerto 96

Navidad 97

Camisas de Navidad. 98

Matar toros, palabras 101

Pendientes. . . , ... 104

Sin vals, sin río, sin nada 106

Hipótesis sobre el inicio del Danubio 108

Peces del Danubio. 110

Arribo. 112

Un cuerpo es viviente cuando está inmóvil –dice Tintoretto . 114

[Nací en 1952]. 116

Nidos de cigüeñas 119

En la lluvia de Lauterach 121

Viento y muchachos. 123

Luminarias 125

Cítaras 127

Still life 128

Sien 130

El muchacho es de Cuadra 131

El octóplata 133

Mar verde esmalte. 135

Siempre van a oscuras 137

De limón 139

Mi ojo pierde visión.... 140

«En el verde oscuro del abeto navideño, colocado junto al altar y adornado con pequeñas manzanas rojas, brillan estrellas de paja clara, luces de caserones en la oscuridad del bosque, en el que se vaga como niño extraviado…»

Manzana de California

Una manzana de California
cuesta treinta centavos.
Una pequeña manzana
llegada al puerto
de contrabando.
Cabe en un puño.
(Se la doy a mi hija).
Es dulce, pero a la vez,
ácida.
Como toda manzana verdadera
cuesta un sabor.
Los jóvenes comerán otras cosas
con imprudencia.
La manzana que no pruebo
(que no probaré) sin arrepentimientos
nos fue negada entonces.
El convenio se cierra con ajenos,
se entrega por una manzana un corazón.
Hacen las paces con manzanas ajenas.
¿Quién nos quita tantos años de necesidades
y dolor?
Manzanas extraviadas en la memoria
supuran tuétanos verdes.
Cavidad por cavidad,
esa semilla (en la boca)
sabe a tierra corrupta,
a desesperación.

Árbol de esa manzana
prohibida aquella vez
(y preferida hoy)
¡das frutos pobres!
Sin la manzana viva en la cesta
con la normalidad de masticar un don
¿cuánto costamos ahora?
Sin remedios contra esta enfermedad (política)
de comer cuando nos sea permitido.
Aprieto la manzana contra el puño
y se la llevo a ella para que no sea
como yo.

Bolas de cristal

Pone la bola más alta en la repisa.
Está descalzo.
Puedo medir su intensidad
por el olor que despiden sus pies
cuando esconde en la caja de cartón
el árbol que ha cortado
y quema
sobre la línea donde pasaba el tren.
El niño busca un recuerdo,
cenizas.
El árbol ya está seco.
Sus ramas atropellan
un espacio cerrado:
«Papá se fue,
mamá también se fue...» –se queja
y le canta al árbol para que le conceda
otra noche entre cenefas,
villancicos
(y pronósticos)
de que volverán los árboles
iluminados
al jardín de su infancia
donde otras bolas vacías,
tintinean.

Árbol ruso

Alrededor del árbol moscovita
prendemos velas blancas
contra el apagón.
La mesa con un mantel
(plástico) nos recuerda
cuando celebrábamos la cena
sobre un mantel bordado.
No hay niño Jesús ni pesebre
sobre el algodón
que sigue siendo extraño,
lejano.
Las guirnaldas parpadean
alrededor de una estrella
plateada.
Cantamos al árbol para que nos dé satisfacción
y muchos años de supervivencia.
Desentonamos en el sitio recién bendecido,
pero él no nos comprende:
es un Jesús de calamina.
Más tarde queremos contar
cuántas ramas desaparecieron bajo el árbol:
«Traición» –dijo él.
«Conmemoración» –le pedíamos.

No sé si extraño las oraciones de antaño:
«arbolito, arbolito, campanitas te pondré…»
No sé si extraño aquel caminito de Belén

con la fe que en él se nos perdió.
Junto las manos y rezo frente al árbol
verdeolivo (transgredido)
y pienso en Dios
que se llevó sin misericordia
la confianza.

Pino sin nieve

Cuerpo erguido sobre la majagua
cuando el viento añil lo mecía,
sonaba.
Era mayor que toda la casa
y sobrepasaba el límite del techo,
la opresión.
Esperaba un año tras otro para sentir
confianza en la rama
que me tocaba el hombro al pasar.
Nunca era más libre.
Soñaba la proporción del árbol
y desde allí,
el resto de las cosas carecían de sentido
o estaban mutiladas.

Tenía un nombre oculto:
un nombre que nunca
nombrábamos.
Luego, había que sacrificarlo
a mediados de enero:
era nuestro íntimo asesinato.
La muerte del árbol daba la impresión
de hallar nuestra propia muerte
agazapada
ante la llegada de un tren
que aplastaba sus crepitaciones
en la línea:

jugaban y a la vez,
morían.

Amanece   anochece:
tiempos verbales,
ritmos
que aquel árbol conocía muy bien
desde su escala mediadora.
«Principios, finales», pedía
la guirnalda que anunciaba otro ciclo.

La escala de una vida tiene relación
con las mutilaciones a las pequeñas casas:
sus alegrías y las penas.
Tiene que ver con pinos
arrancados de cuajo,
acontecimientos de la recolección:
sus revoluciones
y la falsa nieve.
Pero, sobre todo, con sombras.

No hablábamos en voz alta,
porque temíamos que el árbol
comprendiera.
Entrábamos de puntillas y él
agachaba su cabeza
y nos protegía.
¡He perdido mis árboles!
Los quemé al borde de otra línea
cualquiera.

Dorados

Todo fue dorándose:
la tetera rusa
y el gato de metal
con su larga cola
arriesgándose
por el deseo insatisfecho
de llevártelo siempre.
Aquella cinta con la que marqué,
páginas que viajaban sueltas
–un marcador de piel intercalado
que me dejaron las vecinas
contra la insatisfacción–,
para aferrarlas.

La luz bajó en exceso hasta doler
del blanco al amarillo efímero,
desertor:
¡tanta cultura vendiéndose por tan poco!
Lámparas que no alumbran
cuando el sol desafía su antiguo esplendor,
sacrificándolas:
amasijo de objetos olvidados,
restos.

Sus ojos tras la puerta observaban,
la mirada cómplice del gato
sin saber si llegará a ser nuestro.

Reyes magos

Dormida en la cama de sus padres
ve una capa descender la escalera
junto a la ventana.
Debajo un cubo de metal
oxidado
guarda juguetes que alguien dejó allí.
Tropieza y caen:
payasos
rompecabezas,
confianzas
sobre las piezas sueltas
que para la felicidad le han dejado.
¡Nunca pudo empatarlas,
porque no supo ser feliz!

La ventana se cierra tras el golpe
de una pregunta sabia
y aparece su madre
recogiendo restos.
Duerme o se hace la dormida
para decirle entre la verdad
y la mentira
que ha visto a Melchor,
a Baltasar
y a otros reyes llegar.
¡Que simple era mentir entonces!

La lata del agua para los camellos
—su contenido efímero llenito de felicidad—,
se espesa aún más
y la hierba amanece mustia,
pisoteada.
Su madre se persigna:
«¿Se tomaron el agua?»
«¿Se comieron la hierba?»
Sabe que de eso dependerá su triunfo
o su impotencia.

Pero, «no dejaron más que carbón
y sospechas» —fue su respuesta.
Desde entonces espera
para ver si tropiezan
y vuelven a caer
con los deseos insatisfechos
por el patinejo
aquellos sueños cargados de promesas
que le hicieron,
pero se demoran muchísimo
no llegan
y no le dará tiempo
para verlos descender
otra vez.

Ya es Navidad ya es Navidad...

Venden una guirnalda
que no ilumina nada
y suenan tiros con fulminante
mojado:
súbita muerte en la colina.
Soy la leona que custodia
otro árbol podado.
Aquel era para Navidad,
pero alguien sin querer lo cortó
en anticipo.

No habrá confetis
sobre nuestras cabezas
querido Denisse F. H.:
rondando la hojarasca
ramas partidas,
fantasmas
y alborozo mezquino
es lo que habrá quedado.
¿Y cómo hacer para soportar
el invierno?
¿Y cómo rugir como leona?
Se soporta y sigue, lo sé.

II.

Pongo el disco rojo
en el viejo Motorola portátil

y los animales se aparean
frente al dios elefante.
Hemos construido esta granja
con anaqueles frágiles
donde cada travesaño finge
venirse abajo
y sale del humo el fracaso,
la desesperación.

Tuve un amigo que perdió
a su contadora de cuentos
donde había una tumba
custodiada por leopardos.
Tuve un amigo en la colina que se divisa
desde todas partes.
Vendrá esta vulgar Navidad
y luego, otra,
pero ya no habrá nadie esperando
su canto bajo el árbol.

Yagendralila

Un hombre quedó sin olfatear
el peligro de mi mano
cuando dibujo elefantes:
domesticarlos,
impacientarme.
Masticar bien los comentarios
de esas víboras.
Apostar contra su indiferencia
que viene y va fabricando
aleaciones que no hacen
combustión.
Como si al tocarlo,
salieran chispas
sobre la hierba húmeda.
Si ya nada es verdad
¿cómo fingir que llegaré al remanso?

Arbolitos en el Info

Globos que se resisten a bajar
cual blandos son en mi almanaque.
¡Porque nunca ascendieron!
Tenían la necesidad de bajar
a toda costa,
más que de tomar altura
y cayeron
sobre hojas de verde musgo
ya sin brillo:
«guirnalditas de la necesidad»
llaman a esas hojas del parque
con sus globos desinflados,
encima.
Hombres que beben mucho
y mujeres que canturrean:
«es Pascuas» –grita un ciego
al pasar.
Cuando las cadenetas de papel
(periódico)
se enredan al destino miserable
y se rinden,
¡no pueden más!
El polvo dispara una falsa alegría.
Mi corazón se parte entre sonidos
que quisieran prosperidad,
de aquel árbol pecaminoso que soñé
con su decoración artificial.

Mi aventura de soledad
  durante un invierno en Stromboli...

«Sólo en la víspera de Navidad se puede
transmitir este mensaje» –dijo el viejo.
Mientras los amantes se besan en la mesa contigua
y tan lejos,
él se baña en la Mavra Bolia
(bola negra) la playa donde Judit lo espera
con el pañuelo blanco de las aldeanas Pyrgi
hacia el atardecer.
Pero no encuentro su cuerpo
caminar playa adentro
y fingir que lo esperaré en otro altar
minúsculo:
hay altares de la traición.
Es tarde y no me llega el cuerpo
a la rodilla.
Bautizo de mar en curva cerrada
para altares sin amor –has dicho.

Judit juega con la espuma rota
(arabescos por el desfiladero)
su piel negra con vellos
estrangulados
contra la carne se agita
y resalta contra la espuma
su contorno de esmalte.
Me quedo quieta en la postal que no llegó.

Baja la luz: «mi aventura de soledad
durante el invierno…» se termina.
Con los años no se puede fondear
cualquier puerto. Entre cientos
de embarcaciones varadas
estás tú, Judit
y el viejo
que se resigna a contemplar,
recomponiéndose.
«Ir al puerto es lo contrario de fondear» –dice.

Un trozo de pañuelo blanco hace de espuma.
Un papel recortado al rente
(cuadrilátero de mar, infierno)
«ojo de agua»–dice Judit que puede mirar adentro
y atraviesa una situación pedregosa que no viví
(mosquitos no hay)
es otra isla de resurrección en Chio
–no la hallo en el mapa tampoco –,
el mapa esconde su delirio
de altares rotativos como una tentación:
volcán y sol,
«Stromboli tierra de Dios»
(película de Rosellini, 1949)
sin fuego ni dioses es cualquier falso altar
de los amantes difíciles que desembocan allí
cuando todo está acabado,
pero vivo.

El viejo recoge los cordeles agrietados.
Ata su criatura de piedra negra,
volcánica.

Llega al fondo que no es fondear
que no es vivir.
Bordea su ojo lava prieta
y te deja ver que estuve amarrada al mástil,
a la resignación
durante un invierno en Stromboli.

Después de Pascuas

Oigo su voz mentir
¡cómo me gustaba la voz de él entonces
bajando como un cabello de ángel partido
que quiere desprenderse de la realidad
y finge una alegría plateada!
Me llama ahora, pero no estoy aquí
para responder.
Demasiadas preguntas.
Sigo sentada en el silencio de la escalera
(su antiguo rellano de mazapán me esconde)
no siento prisa por llegar,
prisa por subir:
no siento nada.
¡Déjenme aquí!
Él grita con una antigua tradición de venganza
y yo, engurruño las alas.
Nadie tiene razón para matar
con una voz colgante.
Ha vuelto el dolor del timbre arriba.
La voz desfigurada que adoré.
No hay tono.
Mi madre al fin cierra la puerta con su tos.
No subo, no hago nada.
El mazapán me sirve de escondrijo.
Trata de apaciguarme al calorcito
sin que justifique ese frío ingrato
del mármol bajo los pies:

su decepción,
la desavenencia.
¡Que se reviente! –grito.
Hombre sin rostro:
máscara de lo que tanto amé.
Los suplicios no bastan.

Después de Pascuas él se irá
tras las conmemoraciones
de la neblina baja.
Se irá hacia un confín mejor
(de transparencias
y sinuosidades).
Verá mis pies y pondrá doble llave:
pestillos
contra mi decisión de olvidar.

Un hombre se desnuda
y tizna todo lo que toca,
su rabia.
Su barba tiene cuatro días de posesión.
No quiero verlo más
¡subir   subir   subir!
Soy parte de esa ceniza dejada en un rastro.
La melena antigua de leona cortada,
la vanidad perdida del obsequio que di.
No valgo ni siquiera rugir.
Ha dejado de llover su voz por el tragante del agua.
Ha dejado de sonar (y soñar)
un tiempo extendido como un cuerpo
donde un hombre se acuesta,

se levanta
y la rutina de olvidarlo todo
acaba.

Libro del sur

El mercado es una cosa, el supermercado otra.

(máxima sabia)

Donde nacen las frutas,
mueren las semillas.
Donde encuentro duda
vuelve esa ilusión perdida
de un establecimiento
donde se encuentra comprensión:
juventud y nueces:
«…me releo y estafo a mí
misma».

En la montaña,
un gato negro asoma en la curva
y retrocedo.
No por los augurios,
sino por el asma.
Me quito el abrigo
y acaricio
gatos ajenos por falta de propios.
¡Si supiera que la salud me alcanza
para otra familia de felinos!

Por la duda, bajo la cuesta apurada,
corriendo.
El mercado donde he vendido toda

la felicidad,
quebró.
No es un gran supermercado,
sino un puestecito de frutas ácidas
en una esquina cualquiera
donde canta una anciana
su rabia.
Todo lo que detestó
se vuelve aquí paréntesis,
consuelos.
Otra señora con su jaba de panes
cruza la colina,
resbala dando la vuelta en redondo
y sonríe al mirarme:
es mi madre o soy ya yo que regreso
desde la parda montaña.

Vivo en la escena

                    sólo la muerte puede interrumpir la escena.

Él limpia las piedras
y las mira caer una por una
en la fuente
como si fueran otras,
pero son las mismas.
Supongo que habrá un túnel
por donde escapar de vez en cuando
del simulacro de su caída
sin ser trágicos:
«un hombre en Mantilla,
busquen a un hombre de Mantilla»
–pedía ella a punto de morir.

Cayeron más piedras,
se despeñaron también pelos
y lagartos.
Un hombre llegó con su paraguas
bajo la lluvia torrencial
y se llevó las salamandras.
Pudo interrumpir la escena
(la frase) más que la muerte –dijo.
Ella se levantó,
arrastrando con vergüenza cada piedra
traición o palabra no dicha
con lo que le quedaba de valentía,
perdonándolo.

Segundo acto

Paño negro (cantábrico)
con aquella vanidad de escote ojal
—como un horizonte,
salándote bajo el esplendor de Obispo—,
preparada siempre para una multa
imprevista:
culpable sin haber hecho nada.

La Navidad se fue —como la vanidad—
y llegó el dolor:
ni amigos ni amantes
por donde la cuesta se desliza
en soledad total
y el escote no la deja buscar
soluciones que contrarresten
las pérdidas.

Hay adoquines malos
y adoquines mediocres
por donde pasa arrastrando,
un día más sin vanidad,
sin Navidad:
¡sin nada!

Les Halles

El carrusel la arrastra
y no puede detenerlo.
Es el mismo de Les Halles
colorido con manzanas.
O aquel de Marianao
con sus muñecos de goma y trapos,
arrastrándonos
para que fuéramos felices.
Es el mismo de madera
o pintado a mano.

Trepo a él como si fuera
el momento justo de montarlo
y en este trepar de la última oportunidad
aflora otro caballito de la infancia,
una lágrima.
Las luces se encienden con muy poco voltaje
y un niño me descubre acuclillada,
temblando.
La oreja del caballo sin brillo acelera
lentamente con mi grito en el aire,
su velocidad:
aquellos trotes infinitos que hacíamos
—aunque debe ser un caballo
mal acostumbrado al ritmo.
Cuando el carrusel me arrastra
sin piedad

y no debo perderlo de vista
ni seguirlo.

Desprendimientos

Al final del día estaban recogiendo
las sobras.
Me daban la tetera por unos pocos
céntimos.
¡Y pensar que la tuve entre mis manos!
Pero ellos llegaron
y obediente,
la coloqué de nuevo sobre el paño.
¡Si todo fuera como ese objeto
que dejas a merced del olvido
a la intemperie
y sin regreso,
cualquier día de Navidad!

Flechazos

Nada dirás, nada recordaré.
Habrá solo,
silencio.
¡No estoy acostumbrada a callar
de tanto que callamos ya!
Ese gesto de la bailarina
de Degas con su cara fea
prometiendo otra danza
y escapando del cuadro.
Puede ser en París
o en New York o aquí mismo:
«una racha mala» –diría mi padre,
supersticioso al jugar su partida de ajedrez:
cesante el mismo día
de mi nacimiento.
Porque era sólo aquel paso flexible,
aquel gesto al mover una ficha,
aquel sonido sincopado al escapar
y lo perdí.

Lejano humo

Con la manta naranja
envuelvo malos pensamientos
y transcurro enfadada
con el presente:
¿dónde estarán los franceses?
—me pregunto cuando bajo
Clichy, Pigalle
y me detengo ante el feo molino
que tantos sueños levanta:
lo veo subir las aspas
para bajar obscenidades
sin porvenir.

II.

Palomas sobre agujetas
pinchadas en el blanco mármol
para que no se posen más allí
y cuervos
dorando sus alas prietas.
Mendigas pidiendo a San Julián
por el trasero de Notre Dame
que aún fascina a los turistas.
Sólo el río más claro
y verde tal vez
—que cuando pretendías
que nos ahogáramos juntos—,
reconforta un poco.

III.

Pasajeros desmadejados
sobre sus toallas
se desnudan en las orillas,
miran sin ver que por el cielo cruza
un pato que baja
humildemente
y bebe la indiferencia de estos días,
confiado de que no tendrá
contrincantes:
un solo pato que ha perdido la cordura
y sin ella,
la honradez.
Es como tú, un extranjero más:
un voyeur en el Sena.

Variopintos

Los techos son mi obsesión
cuando salimos a la superficie
y relumbran sobre ladrillos negros:
«pizarras», las llaman.
Trato de verlos a toda costa.
Luego, tiro mi zapato de peluche
estriado –un amuleto–
contra la ventanilla,
y las esculturas de bronce
tiemblan contra él.
Observo que esto es un espacio
donde todo puede suceder
y nos apretamos más.

Un muchacho ajusta su pullover
que tiembla junto a mi cadera
–sin que yo sea una estatua de bronce.
Una anciana que ha perdido los dientes
conversa sola:
vino por cuatro días
y se quedó cuarenta años.
Habla de un mercado alemán
donde venden pimientos marroquíes
sin que le hubiera preguntado.
Se va achicando –encogiéndose–,
mientras los techos afloran con la luz
que se filtra sobre los vagones

poco a poco,
lentos–veloces–lentos
atraviesan su soledad
contra la mía.

Arcimboldo me ve

Arcimboldo miraba mi nariz
y desde su mirada,
quería descubrir un sitio
donde vivir también aquí:
en el presente.
Raíces piedras frutas
forman su vida que se defiende
del pasado,
sin agredirnos.

El marco no puede resistir
la tentación
y nos aproximamos
hacia un espejo que miente.
¡Es tan viejito,
y yo estoy tan cansada!
Luego, para no dejarme sola
cuando me abraza,
junto a mi escote aparece
su mano-jardín.

Venir a verte ha sido una locura
cuando sacan fotos en sus celulares
pensando ilusos
que te llevarán para siempre
y detrás,
queda tu rostro que nos increpa

contra la vida que llevamos
hecha de una verdad
que no nos ampara.
Cuando una llamada interrumpe
nuestro diálogo silencioso,
salgo del cuadro
y no te veo más.

Embarradas

Un arabesco desde el cielo
oscurecido suple,
la necesidad de confiarnos
y ser tan vulgares como los demás.
Los poemas dictados sufren la caída:
no fluyen,
se atraviesan.
Embarradas las manos con pintura
intercambian mal su protección.
No sé si se nublarán cuando bajen
a detenerse en la ventana donde dice:
aquí está la libertad.

II.

Mi madre cose en su silla
de hilvanar cuerpos distantes,
apariencias.
La escucho toser.
Los pliegues de su cara se quejan
cuando un cofre perlado inunda
—a la distancia—,
situaciones vividas:
rostros de los que me olvidé.
Y veo por ella
un álamo abierto sobre la tela cromada
de un falso bosque que nos engaña:
¿qué será lo real?

La veo vivir lo que nos separa,
apaciguar lo que nos espera.
Quiero encontrarla rejuvenecida
al regreso de una Navidad permanente,
pero sé que no será así.
El pincel me embarra las manos
si miento:
¡ella no vivirá lo que perdí!
Sobrantes de telas caras
con los que me vistió:
retazos de un mapa
imposible de abarcar ya.

III.

Corto una frase y desafío la relatividad
de su vida filosa:
porque ella no pudo ver París
y no hallo consuelo para esto,
tampoco.

Estampa

Mi amigo defendiéndose
en su vanidad para resistir,
ha cambiado.
Lo veo alejarse sin volver la mirada.
Arriba, la majestuosidad
de una fuente que hace volteretas,
lumínicas.
Abajo, nosotros que nos separamos
sin vuelta a atrás.
Él no gira su cabeza porque soy el pasado,
la oscuridad.
Demasiado dolor aquel enjambre
bajo su nuca
cuando su voz ya es un sonido
cortado de cuajo,
algún resto de lo que fuimos juntos,
alguna vez aquí.
Salen lágrimas de mis ojos
hacia la fuente –ahora, seca–,
pero sigo sin volver tampoco,
la cabeza.

Graznidos

Cuatro graznidos alrededor
me espantaron anoche.
Luego, tercas palomas
se defendieron
del horror de sus gritos
tanto como yo.
Palomas que no se quejan
por su esfuerzo de vencer la soledad.
No se puede fingir fortaleza
en la debilidad –pensé.
Los cuerpos agotaron mi espalda
y por fin, dormí esperando
un sortilegio
ante el desperdicio de esperar:
«gato por liebre».
Cuando la Navidad debió llegar
y sorprendernos sobre los techos
donde otra luna nos devuelve
poco a poco al salir,
su ingratitud:
alguien se va, lo sé,
se despide para siempre
entre el graznido
de otros cuervos que ríen.

La Torre

Bajo sus hierros retorcidos
me senté en la piedra,
abrí los brazos
y recordé:
Osvaldo Mandy Cayo Falcón,
volvieron.
Pero, bajo los hierros,
la luz filtra una apariencia confusa
para los que vendrán:
remedos de un olvido sistemático,
la excusa pobre de un parque
paralizado por la traición.
Supongo lo que sería ella
cuando los cielos fueron pervertidos
por su armazón y yo,
cabizbaja
sin rodarme la cabeza desde abajo,
soñaba con ellos.

II.

El de ojos Prusia venía en barco
moviendo un brazalete amarillo.
El otro, decía: «aquí hay intriga»,
y el corredor miraba su reloj,
abría la boca
y se colocaba una pistola imaginaria
dentro de ella,

pero nunca se disparó, más bien
me disparaba a mí.
Mientras el cínico,
subía por los hierros a la gloria
y se crucificaba.
¿Dónde estará Dios mirándolos
por un filo peligroso a estas alturas?
Escaparon cuando la chalupa,
zozobraba.

Extraño conjunto de un después prometido
como el de la película rusa:
«¿y después?» —nos preguntábamos.
Un después que no llega
alrededor de la torre altanera
señalándonos nuestra cobardía
convertida en recurso de convictos,
contra aquella otra vida
(malamente vivida)
en la foto junto al litoral
que sólo yo conservo:
uno detrás de otro en hilera
y los niños jugando
en el límite del mar picado
contra los arrecifes
sobre una piedra con musgo,
contando la sal que parecía
libertad.

III.

Corazón que brinca,
se esconde
y no están cuando bordeo
kilómetro tras kilómetro
tantas veces como sea posible
nuestra amistad,
rastreándola desde cualquier lugar
a donde llegue
ese avistado punto de encuentro
imposible de lograr
bajo la Torre que nos engaña invicta:
la soledad de recordar a los amigos
desconfiando de la próxima parada
del metro donde también,
los perderé.

Calle de las telas

Filos que anuncian placer
–él toca un borde–, no ve otra cosa
que lo evidente.
Filigrana de un destino:
saber sólo lo que se mira o se toca
del envés de una tela
en ese momento
que juega contra la luz
y nos sobrecoge.

II.

Elis se va en dos vuelos a Viena
–aquellas cúpulas doradas
rematando el suyo.
Y yo, bordando un final,
acicalándolo como puedo.
¡Tafetán remodelado que estiro
y no lo vivo!
Eran pocos los nombres de las telas
que conocía al dedillo,
confiando en que las conocía todas
por la herencia
y no era así
cuando me rozaron al pasar
con verdades no dichas:
faltaban aquellas bordadas de plata

que mi madre cosió en los vestidos de Teté
y que luego perdí enredadas
por el viento gris de la miseria.

III.

Las compradoras gritan tanto
como esas vendedoras que se disputan
y empujan.
Salgo con la bufanda cruzada sobre el pecho:
«tu protección, mamá» –pido–,
y el tumulto me ve sobrecogida
como si les perteneciera
y escapara a un mismo tiempo.
Calle que mi madre tampoco conoció:
lamentos de labios que desagarran,
una palabra al borde de los acantilados
o por las rutas de un dios inexistente.
Cuando bajo la organza que cubre
un cuerpo desconocido
escucho, sin querer,
tu nombre.

I.

Ella se ha sentado en la fuente
junto al elefante de goma
y toca el agua fría,
plácida.
Porque el tiempo ha cambiado:
hay nubes
y un solecito entreverado.
Subimos al Pompidou que nos descubre
un agua mala:
escribir libros por traición a vivir.
Dan golpes encima del techo
que parece por momentos,
desplomarse sobre el silencio.

II.

Sus amigos le escriben
cómo transcurren sus vidas reales,
la satisfacción.
Ella sólo recuerda,
se inclina
y les pregunta:
¿qué hará con todo esto?
«Poemitas sobre traiciones» –piensa él
que encontró en su librero
un simulacro de conocimiento

y se burla,
de su viejo cuaderno delgado.

Por eso, quién sabe,
cuántas mentiras le dirá
sobre el conocimiento acumulado,
sobre «El origen del mundo», de Courbet:
sobre la belleza de esa fuente plástica,
un corazón de goma
y lata
girando sobre el agua
con esa clase de luz
intermediando en nuestras noches
de blanca Navidad,
contra rostros que llevan
perritos por consuelo.

III.

Hela aquí satisfecha de no querer ya nada:
vivir un día y otro sin propósitos,
recordándolos
cuando lleva en la jaba los espacios
sobre las convenciones que ha hecho
para sobrevivir.
«Felicidades» –dijo–,
y sacó la nariz bajo la bufanda
aterciopelada
contra su rostro cada vez más gris:
un aro de luz,
oscureciéndose.

IV.

¿Quién le ha permitido
el privilegio de vivir
hasta la palabra que se encabalga
a otras que quieren ser su explicación?
¿Quién le dijo que era gratuito esto?
Algo tenía que perder.
Algo inmenso como sentir
lo que no sintió.
Algo desproporcionado como la vanidad
o el sortilegio ante la palabra:
después.
Usura de esos días desde el balcón
por donde vio: Praga París Moscú:
¡él copón bendito! Aquellos aguaceros
que no enfermaban nunca
y ahora casi no ve ni siente,
el agua caerle encima,
pero sí palabras que no pueden mojarse
rozándose apenas,
en una batalla desleal que ella conoce bien
y su atropello
por decir algo o callar.

V.

Pero la fuente todavía no la vio.
Tenía que pintarse el rostro con arcilla:
ocultarse en la caja de galletas de miel,
usar amuletos,
¡ser alguien!

Y ella no es menos que la mendiga
que pide a la que nadie da.
Una mendiga
y su gato.
La gente pasa
y le echa una limosna al animal,
no a la mujer:
¿cómo la verá la música
del acordeón que pasa?
Porque ella va sonando,
resistiendo —sin acompañamiento—,
aunque la alfombra aplaste
su sonoridad sin querer,
la vibración no cesa.
Díganme ¿cómo ser vista,
reconocida entre tanto marasmo
y querida por la fuente ajena
de un país indiferente a su música,
a su dolor?

VI.

Porque ha vivido en estos poemitas
que son «su sachet» —diría la madre:
su pequeño dolor convertido en deseo,
en álamos.
Ha venido a fingir que ha vivido,
su pobre locación en contrapunto
con sus zapatos de tacones bajos:
¡como si la humildad no fuera
la mayor altanería!
Por eso la fuente sabe y se burla

de las incongruencias que tiene
y que ella cree ver como sagacidad.
Ella es la fuente –al menos, eso cree–,
entonces la música se escucha.

VII.

Aquí tiene un lugar contra los atropellos:
contra la muerte.
¿Será cierto que tiene ese lugar
que ha rescatado de las humillaciones
cuando hace un libro
y la voz aparece,
se esfuerza:
viene y va?
Le dicta una frase de salvación
y queda luego prisionera en el poema,
instantánea.

VIII.

Ella fue feliz aquí.
No quiso hacer fotos donde era feliz
hace unos años.
Prefirió fotografiar al cuervo.
Un cuervo que la sustituye,
y escapa.
Ella fue feliz aquel instante
luego ya no,
atravesándolo.
Volvió el deseo de cortar su cabeza
como si fuera pan:

«estoy helada por harta».
Debió ser el polvo de la manta azul
que arropó a tantos enfermos,
cuando entró a San Eustaquio
y le pidió: paz.

IX.

El caminito tiene un carrusel
–una gárgola en medio–,
pero él no quiso retratarla sobre ella.
Once años antes, su cutis era liso,
su frente perfecta:
ahora se arruga como la manta,
y se encoge.
Los amantes se acarician
sobre la yerba que lamen.
No les importa que estemos detrás
ni que el cuervo se pose
una y otra vez en la foto,
sobre la manta.
Él tiene envidia de ellos
acurrucados
y azules
bajo el árbol de Navidad
cuando se gozan,
se consumen.
Miran al cielo encima,
incrédulos de que pueda estar lejos:
el cuervo no les asusta ni interesa.
A él sí, persigue la igualdad.
Ella se sienta en el muro,

luego de un calambre que por fortuna
es leve.
Mira el lugar sucio,
abandonado.
El carrusel no sueña,
no se mueve.
No tendrá fotos esta vez
¿y habrá once años más para que el cuervo
la suplante?

Hachazos

Tengo mucho frío como si el cuerpo
huyera
y esa sensación de cansancio
fuera mi envoltura final.
Tiemblo, porque la temperatura es lo real:
calor y frío todo cuanto poseemos
como alternativa.
Estar vivos calentitos
o estar muertos helados
con el tono de los cuadros que vi
y de los cuervos.

II.

Aquella galería de mujeres de Monet
con líneas cubiertas por el velo
de una sombra que baja
hasta un brochazo que cubre pastel,
la mentira de sus facciones turbias:
resignadas.
¿Quiénes fueron?
¿A alguien le importa ya
si un día de Navidad
estuvieron congeladas también?

III.

El hachazo es la pasión

de una ceja que se alza y yo
quiero o por lo menos finjo
que no haré lo mismo:
de sombra o de cuadro.
Por eso abro paréntesis,
para encerrar la sombra.
¿Elizabeth, se llama?

IV.

Me dicta palabras,
pero no me caliento
y sudo un vapor frío del cuerpo,
helándose.
¿Será la muerte este lugar
que resucita otra Navidad sin mí?

Verde y azul

para Nuri

Nuria me regaló una libretica
cuya historia es la seda
que recorre Eurasia.
Trae una voz que me corrige,
pero lo mejor es cuando resalta
una frase sobre otra
con delicadeza.
Nuria es el nombre de una lata de galletas,
–seguramente una región de España.
Pero, ella es Nuri,
la amiga de Angélica.

II.

El papel viene con la voz,
se funden
y entonces,
en un momento de distracción,
se diferencian:
la confianza de dos amigas,
entre voz y papel.
Después viene la tinta que pone
su imaginación a correr;
otros, dicen, rueda.
Se convierte en un río ancho
por donde navegamos

en tinta prieta.
A su madre le cortaron las piernas.

III.

Hoy siento las rodillas flojas,
como las rodillas de la madre.
Es Nuri, la hija, estudiante de arquitectura.
Viven con un gato dorado, René,
que tiene su carpa privada
debajo del sofá.
Todo esto se arma para que el mundo
que es un sitio de olvido permanente,
recuerde.
Nuri compone estructuras
y Angélica vuela para vender medicamentos.
Se acompañan,
se quieren
luego, se divierten en la pequeña cama
azul y verde
bajo la ventana blanca
contra la tristeza.
Me gusta esta diferencia.
Él es también ella.
El gato un tigre
y la mariposa pinchada en la pared,
una libélula.
Su tinta puede ser de calamar
cuando se desparrama
y las líneas forman un cuadro perfecto.
Estoy feliz cuando termina el recorrido
y se dispersa.

Entonces, René culmina su maullido
y la noche se va,
desaparece.

A una paloma parisina

La paloma se moja
y no puedo socorrerla
aunque abra la ventana.
Pongo un pan en el alero:
la llamo, me mira
y luego
huye.
No obstante,
conversamos.
Entre su mundo afuera
y el mío,
los cielos que se mezclan
con los techos negros,
nos confunden.
Se mantiene impávida frente al viento
y la lluvia de hoy
cuando el gris sube de sus alas
hasta el metal donde los áticos,
resisten.
Eres la misma
y ya eres otra,
porque te identifico.
Es ridículo verte tan mojada
y quejarme:
¡nos parecemos tanto!

Amargos

Estos franceses son como la pulpa
del tamarindo de mi abuela:
vienen y van
como cuervos de una a otra chimenea
y cuchichean
convencidos de su belleza,
cuando escapan por los túneles viejos
de una ciudad cuyo mito es mayor
que sus sentimientos.
No me han visto atravesar
la portada de una mala revista
o resbalar por las gradas
del Sagrado Corazón
cuando diciembre se abre a la espera
de alguna ruta de invierno semioculta
para que hagan sus piruetas
y se conviertan de ahora para luego,
en falsos creyentes
contra la culpa que les hizo construir
esta bóveda azul
pinchando los ojos de cualquiera
—y de los cuervos—,
hasta dejarlos ciegos.
Suben a pagar sus deudas
con ostras y erizos,
bordeando en un trencito (plástico)
su incapacidad

como si fueran feligreses.
¡No sé qué más pedir!
Torre de calamina, velas rojas:
cuando me acerco al templo
indecisa,
sin nada que darle a cambio.

Frente al Molino Rojo

Hay dos cuervos frente a la ventana
y se acarician.
Envidio la ternura de esos cuervos,
su pasión.
Aquí, otra vidita pasa miserable
como si la cultura
o el recorrido a un museo fuera,
libertad:
la casa de George Sand (Lelia)
y la de Chopin cerca de la suya.
Imaginé sus miradas a través del ventanal
de cristales ahumados.
La música de un piano resuena
contra la fuente que ahora está seca,
porque el tiempo no puede llenarla ya
ni convencernos.
Más allá, las casas de Lautrec,
Renoir y Degas cerca de Pigalle
donde están los sex shops.
Entre sus escondrijos,
nosotros:
infelices por la infelicidad
que nos separa.
Infelices por falta de una pasión
que los cuervos reclaman,
no vemos que al beber agua contaminada
de esta fuente vulgar

por donde la vida pasa,
quedamos abandonados también
entre sus aspas.

Rebajas

Esta mañana la canícula traerá tormenta
y los cuervos se esconderán
—más de mí que de ella—
por los entreverados de la luz
que crean rutas impresionistas,
historias falsas sobre el pintor
de esa O que indicaba nobleza
sobre nuestras cabezas,
bajo un cielo decorado por Chagall
que no nos protege ya.

II.

Rebajas de lo que fue un sentido
un por qué,
un para dónde:
la quimera de una vida perdida
te enseña a moverte
con precaución,
cuando las manos se cansan
de manosear cuerpos
y trapos indefensos,
mientras los rebajados somos nosotros
que lo perdimos todo
y nos rendimos ante la velocidad
con su falta de autenticidad
y salvación.

Los pasos de un hombre solo

Él pisa la madera:
a la persona madera
la enferman los enfados
y los enfados viven en los pinceles,
se acomodaron allí por décadas.
¿Qué habrá pasado donde
la alegría familiar: la risa, el odio
colaba su aroma entre las flores?
Vino la muerte un día.
Y, desde entonces, él habla solo.
Se pasea con su bata de arabescos persas
sobre pisos quebrados,
irreparables.
Caga en las macetas
y deja los pinceles sucios en el baño.

Quejas

De algo se quejaba:
no le dieron pan mojado,
o no lo oímos graznar
contra los relámpagos
cuando los vecinos cerraron las ventanas
y huyeron a sus vidas domésticas
como si fueran marionetas.
Pero las flores saben
de las pisadas del hombre lobo
defendiéndose,
sin sospechar quién es hombre
todavía aquí.
¿Cómo puede vivirse en tal negrura
entre dos alas azul añil?

II.

Creo que el cuervo picoteó
la baraja fortuna,
abrió la tijera que corta el dolor
y pronosticó tormentas
para que algo parezca nacional.
El cuadro hace la contrapartida al graznido,
descubriendo:
un trópico que se pierde
entre su movimiento tormentoso
o cierta luz sobre la oscuridad
de sus alas.

Así

Más lento más rápido,
uno avanza
y ya no nos queda
el consuelo de retroceder,
de corregir:
«...o de enmendar la plana».
Hay que dejarse llevar
por la suma de un día,
sólo hay resta.
Embarcados en este mal
que nos sobrecoge
llegaremos a la meta
sin que exista:
ese mal paso que borró de golpe
los recuerdos.

Angélica

Angélica dobla minuciosamente,
ropa tendida en el abismo.
El pelo le cae sobre los ojos.
Está muy cansada
y finge no estarlo.
Aplana con las manos,
el algodón igual que acaricia
al gato como si fuera un leopardo.
Él, de vez en cuando se rebela
y la araña para recordarle
que sigue siendo un gato.
Un juego que iniciaron cuando ella
era una muchacha que se iba a navegar
a los ríos de Oriente.
Ahora es una ejecutiva:
«la ejecutiva de los pakis», la llaman.
Se va a la selva o baja a las profundidades
donde está el tiburón blanco
para probarse que sigue siendo
una muchacha valiente.

Mientras alisa la ropa,
va pasando de una sensibilidad
perdida a otra,
como si estar así fuera un límite
a sus proezas
y buscara

con cual sensibilidad probaría,
la próxima.
Aunque intenta subestimar esta regla
con una operación de la mano
que aún no tiembla,
no para de alisar:
lo que no puede recuperar ya,
ver ni sentir
sobre aquella sensibilidad que tantea
a ciegas
buscando otros territorios
cuando se acerca al monstruo marino,
al leopardo o al hijo
en un gesto maquinal
que sobrecoge a las especies
que no se adaptan
y resisten con perseverancia
como ella.

Aunque el tiempo le tienda
una trampa mortal,
aplana los vórtices
y se multiplica
de una coartada en otra:
¿hasta cuándo será?

Sueño

para Osvaldo

Íbamos en un coche alquilado
subiendo farallones,
hasta que sentí vértigo.
Había que llegar por alguna cosa
no dicha en el sueño.
Después regresamos
y el cochero me llevó
por otros caminos más rectos.
No sé si te dejé en los pináculos
o en el sueño.
Ahora busco esa línea de papel
que reconstruya
el sitio donde te dejé años atrás,
y no lo encuentro.
¿Qué sabe la muerte de nuestra
separación?

Ella dobla todavía la curva principal,
el odio al regreso.
Las escaramuzas contra la libertad
donde no alcanza a ver ni a creer
hasta dónde habrás llegado,
surfeando.

Tickets de metro

Vivo cerrando un óvalo
–como las Ninpheas–
y cubriendo un ángulo
desde varias perspectivas.
A veces, uno está en el fondo
y las aguas flotan sobre nuestras
cabezas.
A veces, no necesitas espejo
ni comprobación.
A veces, dentro del óvalo
has llegado a un centro
que no es precisamente una pecera,
sino el flujo inocuo del tiempo
arrastrándote entre flotar
y hundirte:
un juego peligroso de la imaginación.

Cien tickets de metro
no dibujan un recorrido exacto
entre tantas líneas rojas y azules
que decantamos muchas veces
por otros laberintos menos ciertos
donde erramos siempre.

Es pus

Es mejor no trastear
esos recovecos donde aparecen
medusas de cabezas frías
con su amarillo tentación que es pus
(si navegamos con un pie dentro del agua
como única posibilidad).
La vida afuera,
el sol a las espaldas
—indiscreta sensación de continuidad
que es falsa también.
Y él, se volteó para seguir su camino,
indiferente.

«Córtenle la cabeza y devuelvan el hacha»

La bañera y el tubo de calefacción
donde enredar el cuello
con el cordón de los zapatos
si el cuerpo cuelga una cuarta
por encima de su ideal de resurrección.
«Volver atrás, volver a atrás»
–quiere el padre–,
reivindicarlo.

Pongo el búcaro
y lo retiro rápido,
porque son muertos jóvenes
y las flores no bastan
para calmar la ansiedad.
No era una escaramuza
entrar la cabeza en el horno, Silvia;
en la cuerda, Juan;
bajo la rueda del pisapapeles,
mi hermano.
No era una escaramuza, Román
colgarse del alambre
como un pájaro que se destriparía
al viento de la calefacción.
«Los avisados» –lo llaman:
volver, empezar.
Recuerdo a Georgette
subiendo la cuesta en su bicicleta,

detrás venía Maeterlinck.
No hago más que pensar ese instante
en el que no te pude sostener
o salvar del hachazo.

Cosas que se pegan

Pego la cola de un gato
que él me trajo de Portugal.
Pego el abanico de sándalo.
Pego la suela de un zapato.
Pego el asa de una taza de té.
Pego brincos de desconfianza:
porque «se zafarán»
—dice la voz de los sujetos partidos
y forzados a unirse.
Pego el sello de una carta,
el ala del murciélago,
la semilla de un aguacate
sin madurar.
Pego restos de sustantivos,
de verbos:
ellos me enseñan su cicatriz,
advirtiéndome
que el límite no corresponde
ni a un lado ni otro de la frase
que la zanja es estrecha
y se volverá a partir
sin clemencia.

El Mediterráneo y ella

Allí está el Mediterráneo.
Aquí, ella, junto a la luz
que baja rocosa por su vientre.
Ha llegado a esta edad
–sin lenguaje–,
arrastrando un fardo de palabras
y de incapacidades
que van hacia la muerte sin hallar
rodeo alguno.
¿Qué importa este u otro mar?
¿Uno más frio, otro más cálido?
¿La sombra del párpado
cuando la noche caiga?
¿La comezón por las pérdidas?
Es el tiempo de olvidar
las afirmaciones
y despedirse,
al negarlas
como si no hubieran existido.
Porque nada queda entre ese mar y ella
para nombrar algo que sea privilegio
o tentación ya.
Dar la vuelta,
volver:
sólo un dolor al fondo,
impronunciable.

II.

Siente que ha perdido la voz
—la subjetividad—,
y en el silencio de ser como cualquiera
(entre arrecifes)
algo penetra filoso negándole
la posibilidad de actuar
para confiscar otras palabras
desde el despeñadero
por donde cayeron hace tantos años,
las otras.
Ha perdido la rutina de mover los labios
advirtiendo una frase que nunca
se completará con adverbios:
temporalidad ingenua o sometida.
No tiene por qué ser tampoco,
algo conmovedor.
Los malabares con los adjetivos
de nada sirvieron
y ahora busca en un latón
la gracia robada Ismael,
la salvación por azar o por miedo.

III.

¿Qué importa decir la palabra
Mediterráneo una y otra vez?
¿El agua plana que no la deja hundirse?
¿El viento que viene del Sahara?
¿Qué importa sufrir por algo que no existió?
¿A quién le importa su queja

contra el agua dañada?
Es como si él no estuviera a su lado.
Es como si ella no lo reconociera.
La muerte de las islas es la peor traición.
No hay frase con qué recomponerlas.
Pedacitos de conchas
(pedacitos de personas),
algas prietas donde antes hubo un mar:
podredumbre,
desechos.
¿Dime cómo resistir a su ignorancia?
¿Ignorándola?

«Éramos Giza, Mitzi, Kacolia y yo» —un texto

Salvé al pequeño lagarto de esa luz caliente
y blanca.
Pero la lámpara cayó al suelo
y partió su cola que se movía solita.
Luego caminó hacia el extremo de la habitación,
pero no podía escalar la pared
con la cola partida
y oscura.

Éramos cuatro muchachas
dentro del jarrón
con las rosas de invierno esperando
esperanzadas,
escaramuzas.
Nos cortaron la cola a tajazos
y nos deportaron de la infancia a la vejez
empolvadas de blanco
(descoladas)
en la esquina del cuarto
por donde no pasan
amores ni lagartos ya.
Luego, llegó otra fase:
cuando la iluminación de esa luna negra
salió al patio
y nos tragó de cuajo.
Lagarto y muchachas de colas
zigzagueantes

pagarán la culpa de querer
saltar con destreza.

Zona espacial

La niebla dejada atrás.
El toro pintado en la cuneta
y los molinos blancos
que giran hacia el costado oscuro,
vértigo.
Un don para la muchacha
que se acurruca en el ómnibus
y piensa que el paisaje la ve.
Un don para esos niños
que sueñan con pañuelos
enredados a sus plantas
y ondulaciones del viento
en las sierras.

Hay una familia mar
y una abuelita sierra
entre el trigo verbal que crece
(menta y regaliz)
en la boca empedrada,
en la chupeta.
He regresado de allí
y alimento con los colores
rojizo–paja–ocre–
tierra–ámbar–olivo
lo hospitalario de la sinrazón.
Comprendo que
mi vida podría empezar

de otra manera sin ver tanto mar
ni atarme morbosamente a ellos
a ti,
a la miseria.

Pero hay «nonitos» por doquier,
símbolos patrios que la niña acaricia
para dormir en paz.

Blizzard

para José B.

El arado de nieve hace zigzag
y el corta hielo
cava otra mancha de sol
(química)
que luego correrá hasta el mar.
Dos hombres manejan
el camión quitanieves
y cada cierto tiempo
prenden un cigarro contra el cielo,
naranja.
La nevada o sol de roca
encandila este lugar
donde nada sucede,
pero me interesa
la quietud de esos hombres atléticos
que cada madrugada derriten
quince nevadas
y más.

El viento después de la caída
ha vuelto el cielo rosa pálido
(no hay nubes ni pájaros),
la cortina metálica del viento
retumba en la distancia
y una pala abre un camino

solitario.
Allí estás tú con ella,
con el niño:
todos nacidos un once –dices–,
un camino paralelo entre rieles:
vía de trenes
y veleros fantasmas.

¿Es más grande o más chica
tu soledad?
Cierro la cortina de un golpe
(y recuerdo un collar de cristal de roca
partido en mi cuello
que me regalaron por Navidad)
cuando el viento baja
purificando otra nieve
quimérica.

Sierra nevada

Estarás esta noche en la montaña
y su cumbre se perfilará desde mi ventana
—aunque esté lejos—.
Apaciguaré tantos años con los dedos:
delirio,
distancias.
Es el recuerdo un almacén barato,
por eso entro en la subasta de los pasados
y me purifico
largándolos con el zapato verde,
afilado.

Hoy estoy allí contigo
—con ellos—, recostada al vidrio,
a la inconformidad,
un viernes trece.
Mi brazo se ha quemado
por la insensatez del sol de Granada
(mental)
donde todo resplandece:
casas blancas,
flores de azalea
y olor de cabras negras,
alcanfor.

Estoy al borde de la desesperación
resistiendo otro abismo.
Tú cantas ¡tan bien!
y apoyas el pecho quemado también
contra el alféizar.

Hormigón

El color del día es puro hormigón
de Bernhard.
No pasa nada en esta calma chicha
y mis ilusiones,
se desvanecen.
No habrá respuestas.
Nada más que esperar.
Un día tras otro subiendo
y subiendo escaleras,
trampas:
deslealtad.
Inconforme, me escondo en la pobreza
que no me permite ampliar el lenguaje,
manipularlo o decidir
resucitar en otra lengua.

El color del día es hormigón
que se derrite bajo el fuego de estas calles
con la angustia de pasos
sobre los adoquines al mediodía,
al bajar.
La gente camina y caen
desde la desesperación,
en los baches.
¿Cómo esperar regresos?
¿Palabras convincentes?
«Poemitas», dijeron.

Bocarriba

Tener gatos y un día
amanecer bocarriba,
arropada contra el pelo del animal
confusa por no ser él.
Bastardo el que te dejó a la intemperie,
pelada.
No ha sido nada,
el miedo de estos veinte años.
Pedir más,
fingir cuando la sombra
cae sobre el ojo dañando,
la coherencia
y el gato ya no está:
él, tampoco.

Tejido muerto

Miserable tejido de dos puntas
que aprieto de un lado
mientras que el otro
zafa con demencia
lo hecho.
No agradezco el vicio de esta
composición.
Caminamos por el Sena luego,
cruzamos el Mediterráneo
o atravesamos La Habana a pie
y es lo mismo aquí o allá.

Navidad

Días en los que debí aventurarme
antes de peligrar en esta calma
que lo malogra todo
—como a las frutas ácidas—
antes de madurar.
Días de prohibiciones
y añoranzas
en los que ellos regresan,
contados hacia atrás
sin otro cansancio que probar
uvas robadas:
desconcierto que al final
tampoco comeré sin vergüenza.
¿De dónde vendrán?

Días ásperos en las cutículas
—ese roce de su mano—,
sin ternura ya:
¡que cursilería! —dijiste—,
cuando te di a probarlas o más bien,
necesidad de cosas frágiles.
¿Faltará otro compás para medirte más?

Camisas de Navidad

La Navidad está hecha
para subastar un pasado.
Un gato de porcelana
(un sol rectángulo)
todo sale a competir con ella.
Dame un mapa de Anaximandro
para hallar un cambio entre la confusión.
¿Hay un mapa para Navidad?
–preguntas, inocente.
Correrá el magma
(la tentación)
¡ya todo es decepcionante!
No conseguimos nada
y consumimos todo.
Vasija donde encallar,
los desengaños
(causas ilegibles –dices)
sobre esa hilera de árboles
desprotegidos
cuyas copas profané contigo.
Leones de bronce que no dejan de rugir
alineados de dos en dos.

¡Bájate del pedestal!

Habrá una casa donde se yergue
otra cabeza fría.

Habrá lo que es sangriento
y nos devora a todos.
Prometes un sentido sin justificar
¡Oh, Dios! que haces latir espuma
sobre la cabeza de esa niña
que baja sus ojos que miran
a pesar de todo,
sin reproches.

Vuelve la historia a perder,
baratijas.
La inocencia cambia pulsos dorados
(sombras) por conciencia.
Cautelosa salgo del bar con el bulto
que nadie quiere comprar
bajo el brazo.
He prometido vender,
no pedir.
Los ídolos de madera
observan desde la calle,
vigilan mi indecisión –seguro–,
quieren poseer lo suyo.
Otros vendedores miran
lo que no se vende aquí
(cuando encima de nosotros
se vende desesperación).
¿Qué más puede darse?

Un soplo apaga las velas,
su inconsistencia.
Al fin, no consiguió lo que quería.

Apagar velas no fue una decisión feliz.
Una tormenta pasajera
se coló por el vidrio,
sin ilusión –dice con sabiduría–, aquel.
Consiguió vender algo que no se daba.
La inocencia sigue buscando un mapa:
frutas y sol rectangular,
oprobios que la hagan creer
y bendecir.
El santo la persigue.
Otros ídolos impostados,
la bendicen.
Hay un pasado detrás del mar
donde el padre muerto recoge sus camisas.

Matar toros, palabras

para Albis

Aparecía un toro, lo perseguí,
pero no lo encontré.
Busqué un mapa donde poner a esa niña
que miraba la cara de otra mujer arriba
y la del hombre castaño que a su lado
la observaba crecer,
y cantaba.
Entonces busqué a la que nombraba
a los toros como si fueran palabras
y enrollaba cintas de su vestido
(brillantes) como si fueran ilusiones.
Aparecimos cogidas de la mano
en un claro del mar que parecía un ruedo
haciendo musarañas con las olas.
La vida por entonces,
era anterior a otros acontecimientos
que no fueran deseos.
Ella me ponía un espejo frente a la nariz
y yo, me peinaba.
En la gruta que formaban las rocas
nos contábamos cosas
y por debajo de las piernas
cruzadas y luego,
extendidas,
pasaba el tiempo.

Me gustaría olvidarlo todo
y despertarme a su lado
(como aquella vez)
para empezar el falso juego
de lo que queríamos.
«Un escritor puede admirar a un torero,
difícilmente a un colega».
Pero yo la admiré,
a pesar de las contraindicaciones
que no advertían:
cómo y cuándo se fueron las palabras
rodando,
acomodándose por la pendiente,
arrastrándose hasta quedar petrificadas
en esta gruta con toros
huyendo de la envidia
y no exagero:
se fueron todas las palabras
con la capa de lealtad que nunca la acompañó
tampoco.
Y ella cogió el espejo
para que yo la mirara decidir:
«eso es tener un alma»
y sostenerlo
para que otro imagine la destrucción:
mientras derrochábamos la nada de vivir
en las palabras
—las cintas que ella nos dejó sin amarrar,
sin vanidad—,
y luego,
ella tan sola con el espejo y la capa,

lo que quedaba de un fragmento
de lealtad.
Por eso, pienso en la palabra nada
por la resurrección de otras
que nunca pronunció
cuando manoseábamos,
muchachos delgadísimos
entre toros que nos mortificaban.
Pero en el ruedo que es la muerte,
la niña salta de la composición
y se aleja.
Una niña primero, la otra
después.
No quieren ver su destino,
comprometerse ni aferrarse
un poco más a la palabra: creer.
Siguen jugando con títeres
y, a veces, cantan.
Las dos actúan.
Van y vienen por el escenario
—el ruedo—, la página prohibida.
Su voluntad de destrucción
(y la mía) revive ahora
es simulada también en el después,
pero el después no existe.

Pendientes

El mal desaparecerá del mundo porque será
derrotado no por el bien, sino por un adversario
bastante más potente y decidido: la indiferencia.

Alberto Savinio

Tenía un pendiente suelto
—la luna estaba loca—,
y mi vida en caída.
Entonces, me felicité por lo hecho:
cuatro partos, siete gatos,
treinta libros o más.
Apunté nuevas deudas.
Compré carteras de piel,
«pobres animalitos» —dije—,
«seguro vivirán más que yo».
Zapatos para la flexibilidad
que no tengo.
Cuando no hay más
que una mala pisada
y es la suya
que me pone un tropiezo,
un doblez.
Se ha llevado mis años
—malísima metáfora—,
¡fracaso!
Supongo que el mar limpiará todo esto
alguna vez.

Él se baña, pero el agua no borra
las mentiras que caen por el chorro:
ni una caricia   ni una mirada,
sólo su indiferencia.
Pero la indiferencia es muy difícil
de desincrustar.
Hay dolor en el agua,
y lo lamento.
Destiñe: odio pesar ansiedad,
olvido.

Sin vals, sin río, sin nada

Y me dijeron:
después de esa línea de árboles
está el Danubio.
Hacia allá mira,
confórmate.
Levántate y deja que la boronilla
caiga sobre la alfombra-césped.
Estuve en ese límite
y después,
¿después? no lo vi.
Recién creció su mancha plateada
y ahora se ha refugiado en la novela
(me lo cuenta una página de otro
como habitualmente pasa).
Pero hubo un vals:
ondas cerradas por acordes rotos.
Extraña geografía que no recordaré
(ventanas)
por qué tan cerca estuve y, ¡nada!
Me escondieron con precisión,
sí: llegar hasta allí costaba
un sueño más profundo.
Octava para un vals
mis ojos añoran las orillas
algo que no se necesita palpar
para ser fuente.
Manso dolor en el incip del río

donde comienza él,
y yo termino.

Hipótesis sobre el inicio del Danubio

Nace de un grifo –dicen,
de un corte de tijera sobre el agua
cuando una nube puso allí su cargamento,
sus tormentas.
Nace de una fuga
(orín)
residuo de una ciudad flotante.
Y ¿qué importa estar depositado
sobre un cauce?
Por eso nos hacen olvidar
hacia dónde corremos
si de lo que se trata
no es de fines o de cauces,
sino de sostenimiento.
«Brota, apacigua, humedece»
algo se encamina
entre laderas-muslos
y flotar cuesta la eternidad
¡tan cara!
Agua encharcada:
exploración efímera
¿eso hiciste conmigo?
Chapotear, hundirnos en rastros
que no fueron mar ni posibilidades.
Vuelve su navegación
por el cauce de la afluencia al Don
(un meandro).

La voz de ella está envuelta
en un agua entintada,
turbia.
Molesta tanto devenir:
«Hier entspringt die Donau».

Peces del Danubio

Dicen:
echen sus peceras en el río
y los peces bajan sus colores
violáceos hacia el remanso.
Cada pez trae consigo
un puente entre la libertad
saciada con su profunda soledad.
Los pájaros sobrevuelan
resisten o la humedad los mata.
Casas derruidas a mitad del camino
y piedras que fueron
lanzadas por alguien
que ya no está.
El muchacho no ha echado todavía
sus peces
y se baña invicto en el color creado.
Peces debajo de los meandros;
peces que acarician los pies,
bocas y dientes rayaditos,
huesos.
Todo ha caído:
la infancia,
su libertad.
¡Ha perder las peceras!
manda la voz templada.
Afuera, marismas que se frotan
contra vasijas que han echado
un tiempo que no regresará.

II.

No hay consignas para detener
la avalancha que veo desde mi pantalla
multicolor.
Crímenes silenciados
y torturas anfibias.
Ya los peces no sospechan
ni sufren: ¡matan!
El Danubio se ha llevado destinos
para fríamente huir con ellos.
Muchacho de los peces blancos,
no temas que el río no atraviesa
no acorta la distancia tampoco,
de una pobre visión que lame.

Arribo

Ha llegado a un punto que veo
cómo la pájara me reclama.
Le hablo, me escucha.
Pero responde,
escondiéndose.
Mueve con rapidez sus alas
dentro de la jaula,
cuando el huracán arrasa
de un extremo al otro.
He llegado a estar sola
como ese viento arrasador
que no sabe que llevarse por delante:
«ruta» – dijo– Whitman,
pero ¿cuál seguir?
El mar aterra.
La isla se estrecha cada vez más.
Las casas caen sin imágenes
que las salven;
violaciones son esos desprendimientos.
¿Y todavía trato de hablar con el ave?

II.

No es el mismo viento de invierno
que en sus poemas vibra.
Es un viento turbio que viene del miedo
y nos arrebata
cualquier posibilidad de actuar.

Arrastra las mentiras de otra Navidad
con sus deseos insatisfechos.
Deja huesos debajo de las piedras
y orfandad.

III.

Salí cuando bajabas a pasar los dedos
por el borde del muro sinuoso
para rescatar lo que quedara allí de sal
y luego,
el arrecife se ablandaba.
La pájara comprende,
pero teme mi impaciencia
y roza con su pico nuestra jaula.

Un cuerpo es viviente cuando
está inmóvil —dice Tintoretto

Ha quedado inmóvil por tanto tiempo
que ve sólo imágenes
para moverse entre ellas
con esa quietud que la brisa
acompaña
llegada la primavera
y la desesperación.
Nadie la busca ni espera.
El cuerpo inmóvil está vivo,
pero fracasado en sus intentos
de ser visto.
La ceja se arquea menos cada vez
y las pestañas tiemblan
ante la indiferencia.
Resinas caen del techo
y hasta los gatos
tienen sus horarios de partida
dispuestos.
Habrá que comenzar
antes del cerrado de las puertas de ébano
y de los azulejos
cayendo
cuando la ventolera que irrumpe sin querer
haya pasado.
Ha quedado petrificada
al amparo de esta maldita edad

(sin mástiles)
en que dejas de parecerte a ella
y no puedes brillar
ni fingir más.

y en una vida bañada por las aguas de la mediocridad
y la basura vivir como las rocas...

Dereck Walcott

Nací en 1952, de madrugada
y en ese momento,
un drama radiofónico atravesó
El Danubio.
«De los hosteleros a la navegación de vapor»
—se llamaba.
Cincuenta años después,
el agua traía ese deseo
en ondas que ya no están.
Creernos algo ¿para qué?
si es tan falsa la fe que el agua navegable
se llevó.
Confío en que ese programa
se oyó en muchas regiones,
sin embargo:
¿para quién existo yo?

II.

Un muchacho se baña en el río.
Ha dejado su ropa
a merced de la lluvia que cae.
Entra al río helado,
y escucha

las palabras que alguien grabó para mí
por la estación de aquel invierno.
Muchacho endulzado con agua
macerada,
traes un poco de consuelo
ante lo intrascendente del nacer.
Aquí, tan lejos,
muchacho húmedo que pasas.
Devenir:
escape.

III.

El Danubio no traiciona ni hace
promesas que no pudiera cumplir
y acepto el reto de las cosas
que aún parecen verdaderas:
«no estoy enamorado de ti,
nunca estuve enamorado de ti»
—me ha dicho.

Contemplo el río donde te bañas
—tu cuerpo un éxito al bajar,
al subir contracorriente
por las enredaderas—,
un agua manoseada
que va y viene:
entre el río y yo,
a estas alturas entre las márgenes,
un flujo que apesta.
¡Qué importa que no me puedas querer!
Le pediré a otro hombre

que se bañe en el río
y oiga las ondas que traje al nacer.
Que se enjuague la boca
con agua nacida de un grifo.

IV.

…pasaron condes monjes princesas
con sus damas de compañía:
perros caballos delegaciones imperiales.
¡Ya todos muertos!
Por concluir está la historia
de un río que se traga tu carnada
para que el pez escape.
Para mí, sólo pasó un muchacho
enredado en la corriente.

V.

Ella no es como un río que fluye
no existe como una existencia carnal.
Así que me separo de mi creencia
cuando destruye la barcaza que eche
para mi intimidad.
¡Ah! río, muchacho lejano
que no puedes hallar ya,
esa música que el aluvión ha traído
entre las piedras donde todo se toca,
sin cruzar.

Nidos de cigüeñas

Brincas las cercas,
sus espigas rabiosas que saludan
a la que aparece
detrás de un sol desconocido
y suena otra música en la colina,
entre el polvo que nubla
la claridad de Ilmitz.
Dime ¿cómo se mira a una muchacha antigua
que no soy yo?
Adelántate o retrocede:
trastea los escombros de un imperio anterior
y recorre sitios que requieren tus ojos:
el color húngaro de esa flor
paja del estiércol –¿se llama?–,
o el sonido de un instrumento
que reclama su voz:
la voz de estos lugares
que no caminaré contigo
para el Dios de los vinos:
«Don Urbano» –dices,
inflamando tu petición en mi garganta.
Si no estás tendré que inventarte
en este estercolero.
Robar paisajes que otras lenguas dan:
una película de Wajda descolorida ya
fingiendo que estoy de paso,
aunque no se puedan ver

las decoraciones por dentro
ni las almas que el barro sepultó.
¡Dame un tiempo más de contemplación!

Un grifo se derrama
y sus historias
pasan por una arteria obstruida:
ha nacido Renata (la renacida)
sobre un nido de cigüeña
oculto por otra demolición.

En la lluvia de Lauterach

La brisa que no llega
incita a otro mar despejado,
cálido.
Cuencos para colocar lo que no está,
lo que se escurre.
Sé que vendrás de otro lugar,
lo presiento
para volcar tinta agria
sobre el papel y decir: ¡basta!
¿Cómo frenar la tinta que se corre
y altera un paisaje comprometido?
Me voy a tu viaje,
«mar negro» –dices,
con dos amigas que te darán de mamar
leche de cabras.
Hallar un sujeto poético es difícil a esta edad,
no tiene rostro que absorber
en un espejo cóncavo.
Sin ti, como sujeto líquido
estaría paralizada.
Vuelvo a fingir que estás
y me comprometo.
En la lluvia de Lauterach
faltan otras curiosidades,
piedras que me contengan
cuando caigo hasta el despeñadero
de un sujeto poético sin obstrucción:

el «yo» mentido tan viejo,
ante el «tú» que se sacrifica.
Bien hacen los textos en parar la caída
con lengua endurecida,
rota.
No te vanaglories,
no eres nada más
que un imperativo del poema:
esa fuerza abstracta que baja con la lluvia
y despedaza el clima,
las creencias.

Viento y muchachos

En la montaña Este,
dos niños empinan una cometa.
Veo al padre acercarse al abismo,
tensar la cuerda
y bandear con su cuerpo,
el peligro.
Acercarse al cielo con nubes muy finas
que almacenó la familia.
Se puede desde aquí recordar
y vencer al recuerdo,
de quiénes éramos mi hermano y yo
con un padre inconforme
que sabía empinar
y empinar...
¡Cuántos desvíos de sus obsesiones
quedaron jugando en ese vacío
entre las nubes
y nosotros
para estar tan solos,
luego!

La brisa tiende una trampa al papel
que se inclina demasiado
perdiendo equilibrio
y desciende,
vertiginosamente.
Los saludo desde la ventana

como si fuéramos aquellos muchachos.
Oigo sus voces llamar por su madre al viento:
unos muchachos más entre tantos,
unos muchachos menos
defienden su inocencia del intruso
ojo de dios o del diablo
que no tuvimos en cuenta
contra la diadema que se llevará
sin dar explicaciones,
la cometa.

Luminarias

Esa humedad en los edificios
que al acercarse la Navidad se acentúa
cuando prenden luminarias frente al congreso,
entre sudor del último baile
y sus máscaras:
pálido azul detrás de tus ojos
navegando siempre.
Para mí, cúpulas con un coro
de niños famélicos.

Me atraganté con el silencio
del comedor del hotel
–un día de Santa Bárbara–
que me llevó en un tren
donde bajaba y subía viejos tiempos.
Ahora, no sé si podría volver al frío
de los panecillos
y los bombones Mozart
ni a mi reencarnación en otra Sissi cualquiera
que quiere oler tu ropa,
ir por la plaza como quien no soporta ya
su sombrero de pana ni el abrigo escarlata:
«no es el mismo cielo,
–te discute una anciana apuntando al techo–,
donde mis ojos reflejan lo que pueden
más que lo que creyeron ver o querer:
terciopelos,

cansancio.
Ir a la ciudad es quedar a la espera
sin echar monedas a cambio.
Hacer escaramuzas para resistir
las tentaciones un tramo más.
Mi estatismo es fingir que volveré
de otra manera.

La madrugada es muy fría,
y toco los viejos tubos de calefacción
pintados de oro una y otra vez,
hasta que revientan:
porque es ayer
y todavía es hoy,
en Schembrun.

Cítaras

Un busto de Sissi en una lámina
reclama su lugar
y mi atención:
si entráramos por el después
sería la contrapartida
de su historia oficial.
Se abre la frase desde la butaca
donde veo aquella película
de la infancia:
sus vestidos de encajes,
los peinados con trenzas
en forma de coronas
cayendo
sobre la cera del rostro:
la forma de una mujer abandonada.
Cuando suenan las cítaras
por una pasión perdida
en el ánimo de quien como yo,
tal vez, quise ser ella
para atravesar por momentos,
otros tiempos.

Still life

Traigo el mijo para el sábado
y abro el granero.
Allí estás tú tumbado sobre la hojarasca
y el animal como la fruta que llevo,
besa mi mano.
Tiemblo por el frío –no hay luz artificial–,
y envuelvo tu melena oscura
en el mechero.
No digo nada,
te miro recostada sobre el heno
y diminuta me lanzo sobre ti.
Es una imagen idílica,
¿sabes?
Una imagen que no volverá a suceder.

De vagón en vagón saltamos
al blanco tren que entra en la escena
y nos cubre por el tiempo de un sonido
que quiebra a la que soy,
a la que fui fuera de la cosecha.
La lámpara es un hongo
empelado con asonancias
y terminaciones consecutivas.

El animal ha muerto
un día de soledad en el verano:
sacrilegio cuando paso la lengua

por la fruta que se llama
olvido.

Sien

La prostituta de Van Gogh
se llamaba Sien.
La recuerdo orinar en el tibor,
agachada.
Se limpia con el paño sucio
y Van Gogh la contempla.
Su trenza cae en el orinal.
Mi sien se dilata.
La prostituta es mirada,
deseada:
la trenza se moja.

Sien se agacha
y trae el nudo de la espalda
zafado.
Quizás ya está enferma
y contagiada por los otros o por él.
Acuclillada no soy ella
y lo lamento.
No me pintas orinar,
un líquido insulso sobre la arena
lavada.

El muchacho es de Cuadra

Un muchacho se oscurece
entre las ramas partidas.
Es de allí, donde aparece
un oso con su cría,
naturalmente.
Hay crecida y el bote
no saldrá para Van Cover.
Los tres mil habitantes presos en su isla,
esperarán.
En el huerto hay comida
y noches sin televisor.
«El paraíso» —pienso.
En la reserva se bebe
y se canta (hay drogas fuertes),
pero aún vivimos apartados
Adrián y yo.

II.

Los árboles tocan el sol
y la lluvia no cesa.
Él quiere traer cada cosa del mundo
a su tierra:
porvenir,
lealtad.
Baila regresa olvida,
nada hasta la ciudad.

La rama partida me permite mirar
lo que sucede,
¿te has enamorado allí?
Saca su cuaderno de apuntes verde
y me enseña un dibujo borroso:
un sauce blanco,
un puente por donde pretendo pasar.
«Es ella –dice–, pero no me comprende»
–se queja.
Su pelo está húmedo,
el cuello y las botas de escalar también.
Resbalamos en la escarcha:
inútil simulación de sentir
lo que no tengo,
un muchacho así.

III.

Me deja una postal con la sencillez
de un niño cercano a un oso,
cercano a Dios:
un privilegio.
El verde-página se vuelve lápida mineral,
verdad.
Un pasto para reconciliarnos
o ser verdugos de nosotros mismos.
Se despide y tal vez,
seguramente,
nunca más lo veré.

El octóplata

La mancha es invisible,
pero se verá.
Él en tu mano también desafía
un espacio.
¿Cuánto se arriesga un hombre por querer?
¿Cuánto por ser elogiado?
La captura del animal plateado
y luego, oscuro,
me tienda
regando sus mínimas defensas.
Patas sujetas al pálido día,
artimañas.
Tus garras sobre su viscosa realidad.
¡Pobre criatura!
Y ella, contemplándolos y yo,
de este lado también
contemplándolos,
siento la tinta caer
—el reguero de posibilidades
perdidas bajo el agua.
Y con las palabras que el pulpo me da
¡enloquezco!
Nunca capturé algo.
¡Qué ingratitud la tuya!
socavar la virilidad del sujeto—tentáculo
y arrastrarlo
hasta la contemplación pacífica,

a la piedra.
Una rama de tinta llega por casualidad
a mi vida es una fuga, lo sé,
un agua mala que bordea un delirio.
Los músculos de tus piernas danzan
como tentáculos.
Él te sostiene en la palma
y sus ojos contra los tuyos
se hunden en el pozo
donde me ven sostenida por nada.
Aunque él verá lo que tú no quieres ver.
Hay aquí una perversión,
una crueldad insostenible.
Pero la tinta aún me sirve de sudario,
de escudo.

Mar verde esmalte

Mar de octubre que te vas a esconder
tras la neblina malva.
Mar que no tuve o perdí
de la oportunidad:
«vete, no me has dibujado el mar» –te digo,
y salto.
Porque el mar está verde monotonía
como la página que revuelca la espuma
que tampoco tuve.
Ni una relación lograda, lo sé.
Y el beso tímido de anoche en la escalera
pasaba de una boca a la otra sin llegar a mí.
No sé en qué tiempo perdí el mar
o se olvidó de mí con la resaca.
Náusea de un mentido mar parejo
que no vuelve
y espero en tu sonrisa: arrecifes,
moluscos en la boca,
fríos.

II.

Sarcófago frente a mí
quietecita como barco en el fondo
entre algas en las que enredada
justifico mi incapacidad:
no me atreveré a mover el mar
o a sostenerlo,

a cambiarlo de sitio en la postal corriente.
A congelarlo con playas laderas,
castillos petrificados en la mente:
un mar de vanidades.
Tu página y la muerte lo rebasan
(él sigue catatónico navegando otras vidas).
Yo construyo un oleaje para creerme algo
que mueva la ansiedad
y vuele.
Pero no es así.

Bendito mar de Octubre aunque me siente
a sus pies no llega,
no se rebaja.
Entro y desaparece con su soledad
que no quiere tener cómplices,
sosiego.
¿Por qué este miedo a la necesidad banal?
Si fuera tinta y corriera
hacia la infancia que arrastré contigo.
Si fuera escritura –libro,
cordura o recipiente
donde echar una discusión arbitraria –,
porque otros tienen abrazos
de ola gigante a mediodía
y hasta esperan
porque los merodee la muerte
de una vida con alarde
que esa línea borrosa de horizonte
tranza y da.
Y no poder entrar,
sumergirte.

Siempre van a oscuras

> Harta desdicha que nos tengan amarrados al
> banco de la oscuridad solas palabras...
>
> Francisco Cascales

¿Qué les pasa a las letras que se desfiguran
y escapan
del «banco de las solas palabras»
donde van a oscuras?
Veo huecos blancos,
no imágenes:
declives
—yuxtaposiciones—
desconfianzas,
un mundo en el que caigo
para resistir al deletrear la tentación
de poseerlas:
honor desafío fracaso
y esconder la cara
en la vasija de leche sin cuajar;
frase preposicional que harta de significados,
me estafa
y enmudece.
¿Contradicciones de una letra sujeta al deseo,
a la vanidad?

Pero, abro medias preguntas
(dos puntos, paréntesis)

hasta tropezar con «letras de fuego blanco»
si corre aire de tormenta
y vuelan al sur,
relámpagos
sobrevolando la distancia:
guerras de palabras que se desatan
contra otras,
para no evadirme del asesinato.
Porque hay un «yo» asesino en todas partes:
intruso
intermediario
criminal
y obedezco a sus límites.

De limón

Helado en un barquillo de limón
y blusas caras:
todo es fashion.
La gente quiere sobrevivir
y sonríen
(aunque no haya motivos,
todo lo contrario).
Viento del sur,
vapor
canícula,
mientras espero que el corazón
resista
me tumbo junto al gato de Angélica,
amarillo
¡siempre quise tener un gato así!
Mi hijo aparecerá en cualquier momento
–siempre en gestación continua–,
y el helado se derretirá
como todo en mi vida
manchándome
(sin garantías).

Mi ojo pierde visión...

Veo pedazos de vidrieras
con artículos donde ya no puedo distinguir,
la diferencia
y entre revistas de hojas brillantes
desprendidas con anuncios:
un cuento de Dickens
insertado al centro.
Esquinas con mil cosas venden aquí
–pienso– faltando una sola cosa
imprescindible para mi
y de pronto,
ese Cuento de Navidad que reaparece
para sentir que todavía
puedo hallar algo.
Entonces, se proyecta contra
esa falta de sentido común
y de razones para existir que tengo
–una «cámara lúcida» que dejó de filmar ya.
Un deseo de revivir el cuento aquel,
de adaptarlo al presente en un libro
(aunque no haya más posibilidades
de reivindicación)
cuando las musarañas tapan
lo peor que recuerdo del recuerdo:
bosques plásticos que no me dejan ser
cubriendo lo que no quiero ver ni oír.
En la calle hay miseria

acumulándose,
y moscas que habitan –dentro y fuera de mi visión–
el fango.

II.

Pero, a golpe de pandereta,
ella está cantando afinada
–por suerte, no heredó de mí,
la desafinación.
¿Cuántos hijos tuviste?
¿Cuántos libros cosiste?
¿Cuantos amigos tienes?
Todo se vuelve fuga,
distancia en la repetición
de estos lugares vacíos
que nadie puede rellenar
con páginas
y pregunto como el personaje de Djuna:
«vigilante, ¿qué me dices de la noche?»
Pero nadie responde,
porque la noche es la única posibilidad
–de inexistencia– que aún nos queda
y dentro de ella,
ocurre un simulacro de oscuridad también
cuando el cristal se cierra
en su forma de bóveda perfecta
simulando las estrellas de un árbol
quemado por falta de pasión
y no podemos fingir más.

III.

Algún día, el escarabajo
dejará de empujarte
hasta esa bola de estiércol del pisapapeles
con su nieve infinita
que volteo y volteo para que salga
a poquitos.
Algún día dejaremos de comprar contra la muerte,
baratijas.
¡Pero, no sé cuándo ocurrirá!
Ahora, tenemos que adorar esa mentira
del oro falso en los escaparates
donde se venden las camisas
de un padre muerto.
Ahora, la niña de ojos rasgados me mira
bajo el ala del sombrero:
algo venimos a pedir ella y yo
–con la misma inconsistencia–,
cayendo desde un huevo de Pascua
que no quiere romperse
y tiembla de sus manos a las mías
esperando,
confiar.
Al menos, vibra todavía en el aire,
el sonido de su pandereta
con la vieja canción de un cuento.
¿Alguna señal de humo habrá?

THE CHRISTIAN MYSTERIES MAY ALL TOO EASILY SEEM SO WELL traveled a terrain as to recede into a sort of commonplace backdrop in our lives. How often do we not unreflectingly assume that we already know exactly what lies under every theological rock. And yet, through the eyes of a vibrant, inspired metaphysician, this terrain proves to be still largely uncharted, rich in mysteries as yet undiscovered. Most maps, ancient, old, or even new, soon fade; yet from time to time gifted "cartographers" — alive to the present while also fully trained in the work of their predecessors — appear among us, bringing to light new measures and mysteries from perspectives till now only dimly seen. Such charts from new vantage points were, in their time, drawn by St. Augustine, St. Dionysius the Areopagite, St. Thomas Aquinas, Meister Eckhart, Nicholas of Cusa, and numerous other Christian thinkers. Today we are fortunate that a contemporary Christian thinker, Jean Borella (b. 1930), has followed the mold of such individuals through a series of major Christian metaphysical works. Borella's work, however, is not well known to Anglophone readers — a condition the present volume aims to remedy, with a special emphasis on the needs of a broader audience.

"The English-speaking world owes Bruno Bérard a great debt of gratitude for this masterful overview of Jean Borella's project of reminding a forgetful age of the true nature and scope of the human spirit. But Bérard offers far more than a summary of Borella's ideas on this score; rather, he gives us an encounter with Borella himself, whom he allows to speak to us directly out of the heart of his own thought. In the pages of this book, one of the great philosophers of our time recalls to us, with exemplary rigor, lucidity, and depth, the core of our humanity — that is, the intellectual aspiration to sacred knowing that finds its graced fulfillment in a fully orthodox 'Christic faith' that is no other than the 'narrow gate' through which we enter into the one and only *gnosis* truly worthy of the name."
— **ADRIAN WALKER**, Catholic University of America

"No one, I dare say, understands Jean Borella better than Bruno Bérard, who in fact seems missioned to interpret this Catholic philosopher — in my view the greatest of our age. Yet in fairness it should be said that despite the immense clarity achieved in Bérard's Introduction, this book is no easy read: how could it be, seeing that it deals with the ultimate questions of metaphysics and theology! Yet for those who truly seek 'the "beyond" of things that is metaphysical reality,' as Bérard so aptly puts it, this book stands without peer. It holds, moreover, a special challenge for both the post-Conciliar and the traditional Catholic: for the one, to *deepen* his outlook; and for the other, to *broaden* it. To which I would add that Borella's opus strikes me as the *non plus ultra* in both respects."
— **WOLFGANG SMITH**, author of *Cosmos & Transcendence* and *The Quantum Enigma*

BRUNO BÉRARD (b. 1958) received his doctorate in 'Religions and Thought-Systems' from the École Pratique des Hautes Études, Paris. Among his publications: *Introduction à une métaphysique des mystères chrétiens* (2005, imprimatur of the Catholic Church), *Jean Borella: La Révolution métaphysique* (2006, a synthesis of the work of Jean Borella), *Initiation à la métaphysique* (2009), and *Métaphysique du paradoxe* (forthcoming). He has also been editor of several collaborative works: *Qu'est-ce que la métaphysique?* (2010), *Métaphysique des contes de fées* (2011), *Métaphysique et psychanalyse* (2013), and *Physics and Metaphysics with Jean Borella and Wolfgang Smith* (forthcoming in France and the United States). Dr. Bérard is also an executive manager for international aeronautic groups, and gives *pro bono* assistance fostering the growth of start-ups and small enterprises.

Angelico Press

ISBN 978-1-62138-397-0

9 781621 383970

ONE CURIOUS FEATURE OF OUR TIMES IS THE CO-EXISTENCE O a nearly unimaginable rapidity of communications with an at-times slow, eve glacial, movement of ideas. Narratives that have lost any genuine explanatory powe along with the biased historical scholarship of earlier centuries, have become entrenche in the minds of millions, seemingly immune from being dislodged. Such simplisti queries as "What about Galileo?" "What about the Crusades?" are still meant to dra Catholics up short, a conversation-stopper. Scholarship of recent decades, howeve has thrown new light on these matters, and is finally allowing the truths of history t become more widely known.

Here is the distillation of the best of that recent historical work for students an adults alike—an unadorned laying bare of the truth. The five myths analyzed in thi book have each been shaped by post-Reformation propaganda and Enlightenmer prejudices and their residual effects. With Gerard Verschuuren's new book, Catholic now have sure and ready replies to these baneful narratives.

"Gerard Verschuuren has written an extremely valuable and thoughtful response to issue Catholics encounter from an often doubtful and cynical world. Each of these five myths is we researched and thoroughly covered, avoiding excessive defensiveness, yet insisting on fairnes and accuracy from our critics. This book is a gift to Catholics, historians, and also to critic who seek thorough and thoughtful analysis."
   —MSGR. CHARLES POPE, Our Sunday Visitor *columnist and blogger; pastor at Holy Comforte St. Cyprian Parish, Washington, D.C.*

"Is anti-Catholicism the last acceptable prejudice in America? In *Five Anti-Catholic Myth* Gerard Verschuuren provides a clear, forceful, and eminently factual refutation of some c the foundational slurs aimed at the Church. Here is apologetics that is timely, intelligent, an done with a flare."
   —RUSSELL SHAW, *consultor of the Pontifical Council for Social Communications, adjunc professor at the Pontifical University of the Holy Cross, Rome.*

"Mary Ann Glendon, professor of law at Harvard, has stated that 'it must be hard for Catholic brought up on movies and TV to avoid the impression that their Church holds a special nich in some historical hall of shame.' We can be grateful to Gerard Verschuuren for correcting tha unfortunate misconception. He has provided anyone interested in being liberated from an Catholic mythology a valuable service. *Five Anti-Catholic Myths* is readable, reliable, and rewarding
   —DONALD T. DEMARCO, *Professor Emeritus, St. Jerome's University, Waterloo, Ontario, Canad*

GERARD M. VERSCHUUREN is a human geneticist who also earned a doctorate in the philosophy of science. Now semi-retired, he spends most of his time as a writer, speaker, and consultant on the interface of science and religion, creation and evolution, faith and reason. His most recent books include *What Makes You Tick?: A New Paradigm for Neuroscience* (Solas Press, 2012), *The Destiny of the Universe: In Pursuit of the Great Unknown* (Paragon House, 2014), and *Life's Journey: A Guide from Conception to Natural Death* (Angelico Press, forthcoming, 2015).

Angelico Pres

ISBN 978-1-62138-128-0
90000
9 781621 381280

CATÁLOGO BOKEH

ABREU, Juan (2017): *El pájaro*. Leiden: Bokeh.

AGUILERA, Carlos A. (2016): *Asia Menor*. Leiden: Bokeh.

— (2017): *Teoría del alma china*. Leiden: Bokeh

AGUILERA, Carlos A. & MOREJÓN ARNAIZ, Idalia (eds.) (2017): *Escenas del yo flotante. Cuba: escrituras autobiográficas*. Leiden: Bokeh.

ALABAU, Magali (2017): *Ir y venir. Poesía reunida 1986-2016*. Leiden: Bokeh.

ALCIDES, Rafael (2016): *Nadie*. Leiden: Bokeh.

ANDRADE, Orlando (2015): *La diáspora (2984)*. Leiden: Bokeh.

ARMAND, Octavio (2016): *Concierto para delinquir*. Leiden: Bokeh.

— (2016): *Horizontes de juguete*. Leiden: Bokeh.

— (2016): *origami*. Leiden: Bokeh.

AROCHE, Rito Ramón (2016): *Límites de alcanía*. Leiden: Bokeh.

BARQUET, Jesús J. (2018): *Aguja de diversos*. Leiden: Bokeh.

BLANCO, María Elena (2016): *Botín. Antología personal 1986-2016*. Leiden: Bokeh.

CABALLERO, Atilio (2016): *Rosso lombardo*. Leiden: Bokeh.

— (2018): *Luz de gas*. Leiden: Bokeh.

CALDERÓN, Damaris (2017): *Entresijo*. Leiden: Bokeh.

DÍAZ DE VILLEGAS, Néstor (2015): *Buscar la lengua. Poesía reunida 1975-2015*. Leiden: Bokeh.

— (2015): *Cubano, demasiado cubano. Escritos de transvaloración cultural*. Leiden: Bokeh.

— (2017): *Sabbat Gigante. Libro primero: Hojas de Rábano*. Leiden: Bokeh.

— (2018): *Sabbat Gigante. Libro segundo: Saigón*. Leiden: Bokeh.

Díaz Mantilla, Daniel (2016): *El salvaje placer de explorar.* Leiden: Bokeh.

Fernández Fe, Gerardo (2015): *La falacia.* Leiden: Bokeh.

— (2015): *Notas al total.* Leiden: Bokeh.

Fernández Larrea, Abel (2015): *Buenos días, Sarajevo.* Leiden: Bokeh.

— (2015): *El fin de la inocencia.* Leiden: Bokeh.

Ferrer, Jorge (2016): *Minimal Bildung. Veintinueve escenas para una novela sobre la inercia y el olvido.* Leiden: Bokeh.

Gala, Marcial (2017): *Un extraño pájaro de ala azul.* Leiden: Bokeh.

Garbatzky, Irina (2016): *Casa en el agua.* Leiden: Bokeh.

García, Gelsys (2016): *La Revolución y sus perros.* Leiden: Bokeh.

García, Gelsys (ed.) (2017): *Anuncia Freud a María. Cartografía bíblica del teatro cubano.* Leiden: Bokeh.

Garrandés, Alberto (2015): *Las nubes en el agua.* Leiden: Bokeh.

Ginoris, Gino (2018): *Yale.* Leiden: Bokeh.

Gómez Castellano, Irene (2015): *Natación.* Leiden: Bokeh.

Guerra, Germán (2017): *Nadie ante el espejo.* Leiden: Bokeh.

Gutiérrez Coto, Amauri (2017): *A las puertas de Esmirna.* Leiden: Bokeh.

Hernández Busto, Ernesto (2016): *La sombra en el espejo. Versiones japonesas.* Leiden: Bokeh.

— (2016): *Muda.* Leiden: Bokeh.

— (2017): *Inventario de saldos. Ensayos cubanos.* Leiden: Bokeh.

Hurtado, Orestes (2016): *El placer y el sereno.* Leiden: Bokeh.

Jesús, Pedro de (2017): *La vida apenas.* Leiden: Bokeh.

Inguanzo, Rosie (2018): *La Habana sentimental.* Leiden: Bokeh.

Kozer, José (2015): *Bajo este cien.* Leiden: Bokeh.

— (2015): *Principio de realidad.* Leiden: Bokeh.

Lage, Jorge Enrique (2015): *Vultureffect.* Leiden: Bokeh.

LAMAR SCHWEYER, Alberto (2018): *Ensayos sobre poética y política. Edición y prólogo de Gerardo Muñoz*. Leiden: Bokeh, Colección Mal de archivo.

MARQUÉS DE ARMAS, Pedro (2015): *Óbitos*. Leiden: Bokeh.

MÉNDEZ ALPÍZAR, L. Santiago (2016): *Punto negro*. Leiden: Bokeh.

MIRANDA, Michael H. (2017): *Asilo en Brazos Valley*. Leiden: Bokeh.

MORALES, Osdany (2015): *El pasado es un pueblo solitario*. Leiden: Bokeh.

— (2018): *Zozobra*. Leiden: Bokeh.

MOREJÓN ARNAIZ, Idalia (2018): *Una artista del hombre*. Leiden: Bokeh.

PADILLA, Damián (2016): *Phana*. Leiden: Bokeh.

PARRA, Yoan Miguel (2018): *Burdeos*. Leiden: Bokeh.

PEREIRA, Manuel (2015): *Insolación*. Leiden: Bokeh.

PÉREZ CINO, Waldo (2015): *Aledaños de partida*. Leiden: Bokeh.

— (2015): *El amolador*. Leiden: Bokeh.

— (2015): *La isla y la tribu*. Leiden: Bokeh.

— (2016): *Dinámica del medio*. Leiden: Bokeh.

PONTE, Antonio José (2017): *Cuentos de todas partes del Imperio*. Leiden: Bokeh.

— (2018): *Contrabando de sombras*. Leiden: Bokeh.

PORTELA, Ena Lucía (2016): *El pájaro: pincel y tinta china*. Leiden: Bokeh.

— (2016): *La sombra del caminante*. Leiden: Bokeh.

QUINTERO HERENCIA, Juan Carlos (2016): *El cuerpo del milagro*. Leiden: Bokeh.

RODRÍGUEZ IGLESIAS, Legna (2015): *Hilo + Hilo*. Leiden: Bokeh.

— (2015): *Las analfabetas*. Leiden: Bokeh.

RODRÍGUEZ, Reina María (2016): *El piano*. Leiden: Bokeh.

— (2018): *Poemas de navidad*. Leiden: Bokeh.

SÁNCHEZ MEJÍAS, Rolando (2016): *Mecánica celeste. Cálculo de lindes 1986-2015*. Leiden: Bokeh.

SAUNDERS, Rogelio (2016): *Crónica del decimotercero*. Leiden: Bokeh.

STARKE, Úrsula (2016): *Prótesis. Escrituras 2007-2015*. Leiden: Bokeh.

TIMMER, Nanne (2018): *Logopedia*. Leiden: Bokeh.

VALDÉS ZAMORA, Armando (2016): *La siesta de los dioses*. Leiden: Bokeh.

VEGA SEROVA, Anna Lidia (2018): *Anima fatua*. Leiden: Bokeh.

VILLAVERDE, Fernando (2016): *Los labios pintados de Diderot*. Leiden: Bokeh.

www.ingramcontent.com/pod-product-compliance
Lightning Source LLC
Chambersburg PA
CBHW022010080426
42733CB00007B/547